与孩子一起写，
胜过对他说
just between us

[美] 梅瑞狄斯·雅各布斯　　[美] 苏菲·雅各布斯 / 著

程　静 / 译

北京联合出版公司
Beijing United Publishing Co.,Ltd.

图书在版编目（CIP）数据

与孩子一起写，胜过对他说：这样的沟通方式更有效 / (美) 梅瑞狄斯·雅各布斯，
(美) 苏菲·雅各布斯著；程静译. -- 北京：北京联合出版公司，2018.10
ISBN 978-7-5596-1831-3

Ⅰ.①与… Ⅱ.①梅…②苏…③程… Ⅲ.①家庭教育 Ⅳ.①G78

中国版本图书馆CIP数据核字(2018)第051747号

Text © 2010 by Meredith Jacobs and Sofie Jacobs.
All rights reserved.
First published in English by Chronicle Books LLC, San Francisco, California.
Simplified Chinese edition:
2018 Beijing ZhengQingYuanLiu Culture Development Co., Ltd

北京市版权局著作权登记号：图字01-2018-1611号

与孩子一起写，胜过对他说：这样的沟通方式更有效
Just Between Us

著　　者：[美]梅瑞狄斯·雅各布斯　[美]苏菲·雅各布斯
译　　者：程　静
责任编辑：宋延涛
封面设计：季　群
装帧设计：季　群　涂依一

北京联合出版公司出版
（北京市西城区德外大街83号楼9层　100088）
北京联合天畅文化传播公司发行
小森印刷（北京）有限公司印刷　新华书店经销
字数100千字　640毫米×960毫米　1/16　11.5印张
2018年10月第1版　2018年10月第1次印刷
ISBN 978-7-5596-1831-3
定价：39.80元

这本笔记属于：

序 言

在美国，很多父母和孩子间的第一次真诚对话，就是因为这本书。

父母和孩子，是血缘最近的亲人，但常常，也是最容易感到"和对方没话可说"的人。当然，这种"没话可说"并非从一开始便如此，只是随着孩子的成长，我们会发现，孩子更愿意和自己的同龄人说话、和陌生人交流，而不再喜欢和父母沟通，即使有说话，也多会以不愉快的方式收场。正因为有过去的亲密无间做对比，父母们会分外感到神伤，认为孩子不再需要自己。

其实，孩子们并非是不需要我们了，正相反，他们面对成长中的迷茫和无措，会比以往更需要我们，只是这表达需要的方式，也和以前不再一样。他们会用抗议、用对峙，甚至用争吵去表达自己内心的焦虑，博得我们的关注，只是身为父母的我们，却常常误读了这些焦虑，以训斥、冷漠和嘲讽作为回应。父母与孩子间的隔阂，就此产生，而隔阂带来的影响，则会影响孩子一生。

父母和孩子，难道必须要经历一段漫长的冰冻期，才能在某日因为某种契机，重新聚合在一起，恢复过去的其乐融融？孩子会有朝一日明白我们的一片苦心吗？我们目前的沟通方式，会不会给孩子带来伤害？

在本书中，作者用自己的亲身经历，教给我们与孩子沟通的秘诀，这秘诀就是：真诚以待。

真诚沟通，最难的不是沟通的内容，而是沟通的方式。方式不对，真诚就难以成为现实，而这一点，中国的父母们尤其需要学习。

在我们身边，包括我们自己，父母和孩子的关系总是有些奇特。要么，父母像是孩子的服务员，卑微地满足着孩子的一切要求；要么，父母像是孩子的领导，对孩子的一切指手画脚。总之，父母和孩子，很少有机会能在同一个平台上进行对话，正是这样的

不平等，让父母和孩子更加难以吐露真心。

而本书，便提供了一个中国父母和孩子亟需的沟通平台。以笔记互动的方式，使父母和孩子真正拥有了一个私密的、平等的、能畅所欲言的空间，没有了面谈的尴尬，没有了时间的限制，也不会受其他外在因素的打扰。按照设置好的问题一路互动下去，父母和孩子从最简单的兴趣爱好入手，一点点了解彼此，一点点接近对方，从熟悉的陌生人，逐渐成为真正互相理解的至亲，然后，便可以按照自己的意愿，将这互动笔记继续下去，成为珍藏一生的回忆。在此之前，从来没有一本教养书，可以让父母和孩子站在平等的位置敞开心扉。

父母们终其一生，永远都想把最好的一切送给孩子，而对孩子们而言，能和自己的父母一起成长，并记录下这成长的过程，便是最大的人生财富。

目 录

chapter 1

为什么孩子爱我们，
有时也会恨

"在成为父母前，不需要考试。"

对于很多孩子来说，这不是件好事，而对于父母们而言，又何尝不是如此。

那个讨厌我的孩子，是我生的

要说父母最尴尬的时刻，莫过于感觉实在无法得到孩子的认同时，只能抬出自己的"身份"去震慑。

"我是你的父亲，所以你必须尊重我。"

"我是你的母亲，所以你就得听我的。"

这样的话，或许你也听到过，甚至，就曾出自你的嘴里。而当这样的语言出现在亲子对话中，无论口气多么理直气壮，都像是在做最后一丝挣扎。因为，这些语言通常出现在一场糟糕沟通的结尾，前面必然铺垫着无效的倾诉、可怕的沉默、带着硝烟味的对话，甚至歇斯底里的大喊大叫。

只有我们无法获得孩子的尊重、肯定与理解时，才会用这样的方式提醒对方：这不是我应得的待遇。

恼怒，却掩饰不了心中的慌张。

这样的慌张，几乎贯穿了很多人作为父母的全部过程，尤其是孩子越长大，我们越是要学会接受这样的时刻——你的孩子不会再像幼年期那样把你视为权威和挚爱，甚至有一天，他会用自己的行动告诉你，他／她很讨厌你。

孩子对"讨厌"两个字的表现方式有很多。比如，当和你坐在同一张沙发上却像隔了一光年一样的时候，当听完你的话后翻白眼的时候，当摔门而去让你不要烦他的时候，当然，还有直接宣之于口，说自己恨死你了的时候。

而被狠狠讨厌着的你呢，除了告诉孩子"我是你的父亲／母亲，所以你……"外，总是无计可施。但靠这最后的"亮明身份"，是不能让我们如愿的。"父亲／母亲"两个字或许能暂时压制住孩子激烈的反抗，却不会让他们心中的不满消解分毫，反而，正因为这层身份，反倒会让双方的心中涌起一分悲凉：是啊，我们是血缘关系里最亲近的人，为什么却成了这个样。

当然，孩子并非总是和我们势如水火。有时候，他们也会主动向我们求助，会在心情很好的时候说爱我们，会抱着我们感慨：自己拥有世界上最好的父母。但这就像是沙漠里的雨，不知道因为什么才会出现，更不知道什么时候就会消失，往往你眼睛里被感动出的潮湿还在呢，他们就已经变了。

大多数的亲子关系，都是在这种势不两立和亲密无间的夹缝中运行着——时而吵架，时而亲热，最多的状态，是吵不起来却也亲热不下去，父母和孩子彼此提防，彼此小心翼翼以求相安无事。血缘关系里最亲近的人，活得好像一对邻居。

为人父母，真是个孤独的职业。

总有家长抱怨，我们这一代的父母是最不好当的。这不易，不仅因为整个世界都对家长的要求分外严格，我们需要身兼数职，接受物质上和精神上的多重压力，还因为，我们的孩子并不会因为我们付出得多，就领我们的情。

父母们总是喜欢将一切成长中的问题，都归结于成长本身。归结于叛逆期的来临，归结于荷尔蒙的分泌上面，这还真是个省事的借口。于是，很多孩子在父母口中，便拥有了一个长达十几年的叛逆期。在这十几年中，每个家长的经历都能写一本名叫《我和我家冤孽的那些事》的书。而父母和孩子再度找回亲密感，似乎要等到孩子自己成为父母后，当他们也站在了父母的位置，才能在回首往事时，突然发现一些曾经被自己忽略的事实——我的父母，当年是爱我的。

虽然知之甚晚，但能有这样的后知后觉，已经算是幸运的了，因为有些孩子，一辈子都会和父母冷漠疏离，不仅如此，还会将这份疏离带到他们和自己下一代的关系中。不良基因，总是比好的更容易遗传。

被屏蔽的父母

"她连被虫子咬个包都能发条动态，可是对我却没话说。"一位母亲这样抱怨自己的女儿。

这应该也是很多父母的心声。记不清从哪天开始，曾经整天缠着我们说东说西的孩子，连午餐吃的什么都懒得回答了。如果你主动问他 / 她，哪怕是最简单的问题：

"作业留得多不多？"

"今天发生了什么有趣的事？"

你会发现，孩子的眼中闪烁着警惕的光，似乎在揣度着你问这些问题的目的，然后，给你一个十分敷衍的答案。

当然，孩子会这样，通常并不是性格起了什么变化，他们依然能和自己的朋友煲三个小时的电话粥，只是对你，越来越没了话题。

这还不是最糟的。

有一天，你想去孩子的个人网页上看看，搞清楚他／她最近到底是怎么了。忽然，你发现页面一片空白，或者是所有信息和照片都显示"不可见"。你谷歌了所有可能发生的技术问题，最终发现，是孩子屏蔽了你，顿时心凉一片。

遇到这种情况，谁能没有一丝波澜地说出"没关系"？谁又会内心没有一点失落？我们是那么爱自己的孩子，爱到希望知道他们每天的任何细节，可是孩子呢，非但不领情，还"毫不留情"地把我们屏蔽掉了，无论是在网络上，还是他们心里。

孩子为什么屏蔽我们？难道他们真有了什么不能说的秘密？下面这位女儿的讲述，或许可以给我们一些启示：

有一次，我在网络上和一个朋友互动，朋友@我的时候，引用了一个当时很流行的笑话。这本来是件很平常的事，结果，我的妈妈看到了，晚上我回到家时，她很严肃地告诉我："不许结交那些不好的朋友。"我很吃惊，问妈妈为什么这么说，她说她看到我和我朋友在网上的对话了，觉得我的朋友说话不太正经。对于妈妈的话，我有些生气，也有些好笑，我向她解释，朋友只是说了个笑话而已，我甚至还把那个笑话的原版完整复述了一遍，然而妈妈却是一副不怎么相信的样子："或许是你说的那样，但是珍妮，我还是希望你能多和一些品行好的朋友接触。"我顿时有了种被羞辱的感觉，妈妈不仅怀疑我朋友的为人，而且还怀疑我选择朋友的标准。

从那以后，我就把妈妈从网络上屏蔽了，而且也不愿意再和她提我和朋友之间发生的事，生怕她又借机"教育"我。

毫无疑问，这位被屏蔽的妈妈，是爱她的女儿的。她会关注女儿的动向，会对某些信息感到敏感，并且为此担忧。然而，她却选择了一种最差的方式去处理这件事——在没有和孩子沟通的情况下就贸然干涉，并且，对孩子做出的解释没有进行应有的考虑，依然按照自己的思维轨迹，"引导"孩子按照她的意思做。从父母的角度说，这是在行使父母的责任，而站在孩子的立场，简直讨厌透了。

同样因为沟通问题，促使孩子主动与父母"失联"的，还有下列这些情况：

· 无论我对爸爸说了什么，哪怕是告诉他我的成绩得了 A，他也会找出我的错处："要知道，我上学时候这门功课从来都是 A^+。"

· 我妈妈是那种挺骄傲的女人，每次我听到什么让我兴奋的消息或者让我震惊的事情时，其实都很想和她分享一下，可她每次都是非常不屑的口气："哦，就这事啊，这没什么好大惊小怪的。"妈妈让我觉得自己像个笨蛋。

· 爸妈对我来说有些像陌生人，我对他们来说可能也是这样，他们都太忙了。幸运的是，他们不会像很多父母那样爱指手画脚，然而却也没时间搭理我。他们到现在还不知道我最喜欢什么运动，不知道我以后希望做什么，而他们总讨论的那些话题，我也听不懂。我们住在一个屋子，感觉像是两个世界。

挑剔、傲慢、冷漠……每一次错误的沟通方式，都会逼着孩子把自己的心关起来一点。然后有一天，我们发现自己被屏蔽了，万般失落，勃然大怒，可事情又能怪谁呢？

不是所有对话，都能称之为沟通。可悲的是，很多父母根本就不知道怎么沟通。我们以为只要在吃饭的时候和孩子聊会儿天，在临睡前说句晚安，在周末问问孩子想去哪儿玩，就算是沟通了，然而，这只是最简单的语言互动，未曾深入到彼此心里。

几乎所有的亲子矛盾，都是因为沟通不畅。

而几乎所有的沟通不畅，都是因为父母未曾给过好的引导。

孩子与父母的沟通，最忌讳走捷径，而这却是很多父母最容易犯的错误——在孩子犯错时急着责问，在孩子茫然时急着告诉孩子怎么做，在孩子向我们发问时急着"打发掉"孩子。大部分父母并不是不愿和孩子沟通，而是只愿意以自己喜欢的方式沟通。而孩子为了屏蔽掉和你沟通时的糟糕感受，就只能先屏蔽掉你。

偷窥式了解，滤镜式沟通

如果把大多数家庭的亲子故事拍成电视剧，其剧情大概是这样的：

最开始，是美好的童话剧。婴儿时期的孩子和父母亲密无间，他们不仅不会对我们遮遮掩掩，反而会将所有喜怒哀乐竭尽所能地表达给我们看，以让我们对此做出回应。这一阶段的父母和孩子，根本没有矛盾可言，孩子们一览无余通透到底，每天只有其乐融融。

等孩子到了幼儿期，就变成了家庭伦理剧。孩子有了自己的小心思，会开始和父母斗智斗勇，父母有时会很抓狂，会搜罗各种驯服熊孩子的方法。但尽管总有打打闹闹的戏码，这一阶段的孩子还是很乐于和父母分享一切的，精神上也很依恋父母。所以，这一阶段的父母和孩子就像是家庭伦理剧，就算是鼻涕眼泪一把，也能峰回路转有个大团圆结局。

而到了少儿期，家里上演的则是特工剧。孩子越来越不愿主动找我们倾诉心事，他们有了自己的日记（还上了锁），有了自己的网络（还加了密），有了自己的圈子（还屏蔽了我们）。而父母呢，出于家长的权威，通常是不肯屈尊去和孩子好好聊聊的。于是，父母想知道孩子的事，就只能靠各种偷窥。

比如，孩子和朋友出去玩的时候，躲在窗帘后偷看是谁来接，以此推测孩子是不是有了心仪的异性；在孩子打电话的时候拎着洗衣篮装作从门口路过，然后竖起耳朵捕捉信息；从孩子每天进门后的表情和语言判断，孩子这一天在学校过得好不好，有没有和谁发生矛盾。这样的猜心游戏大概一直延续到青春期后，随着孩子远走高飞离家求学才会告一段落。

至于为什么家长宁愿研究孩子的肢体语言与微表情也不愿亲自去问问，一方面，很多父母认为主动去打探孩子的内心活动，有失家长的威严；另一方面，又确实害怕孩子不会和自己说真话，甚至拒绝回答（当然，没有哪个父母会承认这是因为自己才造成的）。于是，偷窥式观察，便成了现今很多家庭存在的普遍状况。

只是，家庭中的特工剧戏码再精彩，父母与孩子毕竟也不可能零交流，孩子总会有问题想求助于父母，父母也总会有心得想要传授给孩子。因而，很多父母和孩子之间一旦开口说话，就开始了一种滤镜式沟通。

什么叫滤镜式沟通？看看下面这位母亲的讲述，你就会大致明白：

那天，儿子突然问我，在我的学生阶段有没有过非常讨厌的人，我差点就脱口而出："当然！"然而，话到嘴边却忍住了，过了半分钟我才回答他："没有啊，每个人都有自己的性格，或许有时候会闹些别扭，但为什么要讨厌他们呢？"儿子"哦"了一下，显然，我的这份"标准答案"并没能引起他的呼应。

我很讨厌说谎，可是自从当了妈妈后，我却总是忍不住撒谎。我希望可以树立起一个完美的母亲形象，也希望自己的孩子拥有完美的性格。所以，每次在回答孩子的问题前，我总要把心里的真实答案修改一下。

　　就好像把照片发到网上前，我们要修掉自己的皱纹和雀斑，太多家长在面对孩子时，也习惯给自己安上一层滤镜。比如上面的这位母亲，她在学生阶段也曾有过厌恶的人，但是却不愿意承认，而是用滤镜美化后的答案，力图展示出一个宽容、大气的母亲形象，同时也暗示孩子：有厌恶情绪是不好的噢。她甚至都不问一下孩子，到底遭遇了什么，为什么会问出这样的问题，就赶紧把自己大脑中的"标准答案"灌输给孩子。

　　这样做，看起来是想帮孩子塑造一个更好的性格，实际上，却会适得其反。孩子会认为，自己是没有权利讨厌别人的，一旦讨厌别人，那就是件值得羞耻的事。而假如孩子接二连三地从父母那里获得这样的羞耻感，他也就不会再想和父母倾诉心声了。

孩子先要体会厌恶，才能学会宽容。甚至，他们都不需要学会宽容，只要学会和厌恶感合理同存就可以，可是这位母亲，用她的滤镜滤掉了这种再正常不过的情绪，她欺骗了孩子，也欺骗了自己。

设想一下，如果她这么回答："是的，宝贝，我当然也有过讨厌的人，这很正常。所以，现在是不是可以告诉我，你是也对哪个同学有所不满吗？"孩子将会放松心情，更愿意向她吐露心声。并且，孩子还可以从父母身上学会如何看待自己的负面情绪。

孩子认识世界的最重要途径，归根结底还是父母。因此，父母的态度和语言，在孩子看来，就是这个世界向他们发出的信号。父母越是能够真诚地沟通，越是能做出表率，坦诚地表达自己，孩子就越是能全面地了解这个世界，越是能有样学样，透彻地了解自己。如果父母总是用滤镜去修改真实的答案，将孩子本该知道的真相遮掩起来，孩子就只剩下了一条路可走——只能看到父母希望他看到的世界，也只能努力成为父母期待的人。

总被父母施以"滤镜式沟通"的孩子，很容易走极端，因为他们看不到这个世界的多元和丰富。要是有一天，你发现自己的孩子非常自卑，或相当自负，十有八九是你和孩子的交流过程中，用了太多滤镜的缘故。

值得注意的是，既然称之为沟通，那么滤镜的使用就不可能是单方面的，父母对孩子如此，孩子对父母更是这样。当孩子感到父母不能理解自己的时候，便也不会一味对父母真诚，他会在回答你的问题时，先筛除掉自己的情绪和想法，给你一个官方回答般的反应。这样的你来我往，与其说是父母与孩子间的交流，不如说是两国邦交，说的都是漂亮话，却没什么用。

身为父母，我们必须敢于承认自己的怯懦与虚伪，并且及时加以修正，而不是依靠人为的修饰，去假装一切美好而太平。如果不能和孩子展开一场真诚的沟通，那么造成的结果，也绝不仅仅是交流上的浅淡与稀少，还会给孩子造成一生难以逆转的影响。

chapter 2

缺乏沟通的世界，
对孩子意味着什么

反执玫瑰，它便变成带刺的鞭子。

再好的初衷，如果方式不对，带来的除了伤害便再无其他。

一句话毁掉一个人

一天，一位母亲和自己的女儿看到节目里讲到了这样一则案例：一名未成年人在晚上参加聚会的时候，被别人灌醉并性侵了。女儿问妈妈，对这种事怎么看。妈妈当时正着急去烧饭，于是不假思索地回答："怪她自己喽，谁让她小小年纪就出入这种场合。"一个月后，女儿自杀了，并且留下遗书，告诉家人自己在半年前曾经遭遇了性侵，为此一直十分羞耻，感到无法再活下去。

这个时候，母亲才幡然醒悟：之前女儿故意问她对那则案件的看法，实际上是在发出求救信号，她已经被内心的秘密压得透不过气，希望从最亲最爱的人那里获得支持。然而，当听到母亲鄙夷的话语后，女儿的心中绝望了。

如果时间能够倒回，如果这位母亲有着和孩子沟通的习惯，没有自己轻易下定论，而是愿意在有时间时和孩子好好讨论一下，那么事情的结局，或许不会这么让人扼腕。可惜，一切没有如果，父母随意说出一句话只需几秒钟，而对孩子造成的影响，却可能穷极一生都无法消除。

·10岁那年，因为成绩糟糕，我的妈妈说我是个废物。后来的这么多年里，每当有人质疑我的能力，我都从来不敢反驳，因为连我的妈妈都认定我没用了。

·我的爸爸当着其他亲戚的面，笑话我是他几个孩子里最丑的一个，我承认我确实不像他们那么帅气，可是他们发出的笑声，直到今天都在我耳朵里响着。从那以后，我特别在乎自己的外表，也特别在乎别人对我外表的评价，如果谁说了一丁点否定的话，就算明知道说的是事实，我也会立刻暴跳如雷。

·我不能允许自己犯错，一点都不能，哪怕再小的错误，我也感觉快要死掉了一样。我总感到父母就站在我身边咆哮："约翰，你怎么连这个都做不好！"

这些讲述人而今都早已成年，其中很多已经成家立业，有了自己的孩子。可是，他们在回忆自己孩提时代被父母的言语伤害时，还是会委屈地流下泪来。那些话不仅是一段不愉快的回忆，还改变了他们的性格，影响了他们对待自己、对待世界的看法。他们中的很多人不止一次地说过，很希望自己的父母当初没有说过那句话，这样，自己就不会一辈子活在语言的阴影下。

绝大多数用语言伤害孩子的父母，都不是故意在孩子的人生中埋雷。父母们之所以说出那些伤害孩子的语言,通常有三种理由:要么是因为情绪失控,想用一时的过激语言,换自己心里的痛快;要么是因为面子作祟,想用语言来捍卫自己某方面的形象;还有一种情况,也是普遍存在的一种现象,那就是:他们从来不认为不好的沟通,会给孩子的一生造成什么影响。

"不就是说两句吗,谁家孩子没挨过骂?"不少父母都有着这样的想法。在他们看来,哪怕再沟通不畅,孩子也终归会长大,成为一名不用父母再去操心的成年人。而且,他们还会抱有这样的念头:接受一定的冷言冷语甚至恶言恶语,也是孩子成长的必需经历。

这简直是天方夜谭。

指望孩子可以看在父母全心爱他们的分上包容父母,不去计较父母在沟通中所犯的错误,并且能自己将那些来自父母的语言伤害代谢干净,然后身心健康地成长,是父母们一个最大的误区。我们确实为孩子做了很多,每天照顾他们的生活,操心他们的学业,不遗余力地培养他们的兴趣,然而,这并不代表我们有权在沟通中给予他们伤害，也不代表孩子必须因为我们的付出，而原谅自己父母的一切言行。

亲子关系中，从来不存在这样的交换。

之前我们说过，这个年代的父母并不好做，因为我们的孩子将要面临史无前例的激烈竞争，我们肩上的担子因此更重。压力下，我们难免会强迫自己严厉，强迫自己忘记心中温柔的一面，而去故意磨砺孩子的心智，其中，就包括对孩子说出刺心的话。的确，在孩子的成长过程中，我们有时必须充当起教练的责任，然而对孩子而言，教练是可以被替换的，无可替代的，永远都是父母。因此，父母必须先做好这项无可替代的工作，再去期待可以在其他身份上有所作为。

父母是什么？是孩子掉在大海里时不会漂走的舢板，是天崩地陷时却依然为之留出的安全空间，是他们最后的依靠和可以交付全部信任的人。一旦有一天，孩子发现自己全心信任的人却不能理解自己，甚至还会伤害自己，那种惊恐和无助，真的是会让人绝望的。

童年是一切心理问题的根

很多困扰人们一生的心理问题，追根溯源，都源于一场童年悲剧。

我今年 23 岁，从 16 岁开始，我就在不停地换男友，最短的恋情只有 7 个小时。很多人觉得我不检点，但只有我自己知道，我是在用爱情填补内心的空洞。从我记事起，母亲就是个暴躁的人，只要发现我哪里做得不符合她的标准，就会直接对我进行惩罚，甚至有一次，会在我朋友来家里做客的时候，当着她们的面打我。我有个姐姐，她在 20 岁的时候就闪婚了，婚礼那天她流着泪对我说："我算熬出来了，你只能继续忍耐了。"我没有姐姐那么幸运，我遇到的男人，都受不了我的坏脾气，我总是因为一丁点小事

轻易发脾气，和我妈妈当年一样，没有沟通就直接进入吵

架模式。我想，我大概是要孤独终老了吧。

因为无法从家庭里感知到爱（尽管这份爱很可能是切实存在

的），孩子会卑微地祈求别人的爱，但即使他们获得了希望的爱，

也会由于缺乏沟通的经验，而让爱很快消失殆尽。

每个人生来的第一次肯定，都来自于自己的父母，没有什么

比血缘亲情的认同，更能让自己有安全感的了。孩子在成长的过

程中，会不断寻找自己存在的价值。虽然大部分人会在成年后找

到这一价值所在，然而，在他们跌跌撞撞从孩童到成年人的过程中，

需要有人帮他们肯定自己的价值，这样他们才能建立起正确的自

信，而不是轻易自卑，或盲目自负。在这方面，没有谁的作用能

大过父母。

可是，对于不会和孩子沟通的父母而言，这个环节给孩子带

来的往往不是信任和信心，而是伤害，且这伤害后患无穷，足以

彻底摧毁一个人。一家青少年心理研究机构在对 100 名刑事犯罪

的少年进行访谈与研究后发现，和父母间不好的沟通，会成为孩子一辈子愈合不了的伤口，并促使他们犯下弥天大错。

"我随便从马路上找一个人来，都比你强！"总是听到父母说出这句话的孩子，在16岁的时候持枪走进一家赌场，杀死了里面的三个人，而那三个人一个小时前刚刚和他有过争执，他要证明，自己比他们强。

"你这个废物，怎么不去死！"一个被父亲如此咆哮的孩子，多年后在他打工的餐厅里，用刀将同事捅成重伤，只因为对方质疑了他的工作能力，无意中挑动了他心中最敏感的神经。

也有些孩子没有走上犯罪道路，但语言暴力却让他们同样在人生中坎坷不断："我到了12岁还会尿床，因为这个，我喜欢的女孩跟我表白时，我都不敢接受，总觉得自己是个病人。当然，我不是每天都尿床，而是我一梦见爸爸的时候，我就会特别紧张，在我离开家前，他总是骂我，在梦里他也是那个样。"

看到这里，你或许在想："好在我不是个喜欢爆粗口的人，所以我的孩子应该不会这样。"那就请你看看下面的例子，看看那些温和的坏沟通，是怎么影响一个人的轨迹：

·从我大概 5 岁开始，我每次想要什么东西，我妈妈就告诉我："我们家很穷，什么都买不起。"长大后我才知道，我们家并没有她说的那么窘困，那只是她不希望我浪费才想出的计策，尽管是出于好意，但是很多东西已经在我心里扎了根。我到现在都很自卑，那种儿时看着别人家孩子吃棒棒糖，却不敢开口向父母请求的难过，我到现在都忘不了。

·我妈简直可以得奥斯卡，真的。每次我和妈妈产生争论时，她都会哭，而且一边哭，一边数落我如何辜负她的好意。其实有时候，起因都是些很小的事，好好说的话完全不至于如此。可她这一哭，弄得所有人都认为是我忘恩负义。因为这个，我尽量不和妈妈说话，省得给自己找不痛快，但这样一来，却给妈妈找了个新的理由："这孩子都不愿意搭理我，对我还不如陌生人。"我现在已经从家里独立出来，但很怕和人打交道，更怕别人对我好，谁知道这些"好"会让我付出些什么别的代价。

总的来说，童年时孩子总处于一种不利的沟通环境中，会带来下面这些负面影响：

生理损害——损害孩子的大脑

你真的以为童年的遭遇，只会带来心灵的打击？哈佛大学医学院的研究团队发现，言语上的伤害，真的会损伤孩子的大脑，带来生理上不可逆的伤害。很多父母看着比自己还要高的孩子，会以为孩子已经发育完毕，而实际上，孩子的大脑直到22岁前，从生理学上讲，都处在生长发育阶段。因此，当外界对孩子施以持续的言语刺激时，孩子的大脑神经会做出反应，自动启动应对式的调节，来让自己适应恶劣的环境。

而这种调节，突出出现在大脑的胼胝体（主要负责两个大脑半球间传递动机、感觉和认知信息的区域）、海马回（负责管理情绪的大脑区域）和前额叶（负责思考和决策的大脑区域）。如果，一个孩子总是被父母责怪，他的大脑便会不断输入"我不好"这个程序，并在生理上一次次强化这一神经反应，形成应激程序。而最终的结果就是，等他长大成人后，即使理智告诉他不要谨小慎微、努力讨好身边的人，但是童年的经历已然彻底改变了他的大脑，自卑的生理性回路已经产生，他会不由自主地认为自己不行，需要靠让别人高兴才能活下去。

人际损害——导致孩子消极心理

没有获得过父母正确评价的孩子，难以认识自己，就不要说不断改善与修正了。遇到事情时，这类孩子首先想到的是我不行，都是我的错，我不受欢迎，我没有任何可取之处。孩子无法认识自己，也就无法认识别人，更不要说处理健康的人际关系了，久而久之，孩子的人际关系会呈现畸形的状态，不是视别人为自己的主人，就是认为自己要靠奴役别人而改变命运。

除了自卑，很多遭遇语言攻击或者冷暴力的孩子，还会显示出异于常人的狂躁，他们没有从父母身上学到过管理情绪的方式，所以压抑不住自己的坏情绪，最终，可能会出现抑郁、狂躁等心理疾病。

性格损害——埋下暴力倾向隐患

孩子自己是很难消化掉负面情绪的，因此，他们受到侮辱和伤害以后，一般只能将这些情绪积压下来，或采取极端的自我毁灭的方式加以反抗。这是他们的自我防御机制，但也是个无意识或半意识、非理性的机制。有些孩子对内寻找不到答案，对外得不到父母的帮助，就将宣泄的对象指向更外界，他们不再相信任何人，仇视社会，从而会做出危险行为报复社会，如侵害他人安全的行为。

想想我们自己的童年吧，很多人都曾经记得儿时挨打的片段，父母用的是什么工具，把自己打到多疼，趴着的椅垫上是什么花纹，全都记得清清楚楚。然而，大部分人却遗忘了自己挨打的原因，记住的只有疼痛的回忆和由此引发的恐惧。

可见，那些错误，我们可能会一犯再犯，而错误该带来的教训和经验，则因为父母沟通的错误方式，而被消极的情绪所代替。

易怒的父母，易伤的孩子

我们是父母，但也是普通人。

尽管在很多时候，我们也会用"圣人"的目标要求自己，可是没谁真的能够做到。几乎所有人在初为父母时，都不会认为自己和孩子的沟通会发生什么问题，我们是那么爱他们，豁出命都可以，怎么可能伤害他们呢？

但是想想看吧，有一天，当你花了三个小时教孩子默写单词，他却连一半都不会，反而专心致志地研究手里的橡皮时，你是会继续和风细雨，还是想把他摁在桌子上揍他一顿？如果你曾经有过类似的经历，肯定会懂。纵然我们调动毕生的修养，也只能让自己住手，却无法管住自己激动下的怒吼。

或者换个场景，你的孩子第十次违反了十点回家的规定，并且在你提醒她这样做很不安全的时候，认为你小题大做，你是会耸耸肩说一句"是啊，关我屁事"，然后洗澡睡觉，还是会狂敲孩子的房门，大声警告她再这么和你说话，就把她锁在家里。

如果你家里有 6 到 18 岁的孩子，相信我，这辈子所有的怒气，几乎都会爆发在这几年。但是，如果只停留在这个层面，那么难免陷入了一个死循环：我们发怒→孩子不悦→孩子拒绝和我们对话→我们更加发怒。在这个过程中，"发怒"是个可以被替换的变量，可以换成"冷漠""控制"等特质，其过程完全一样。

就更不要说，很多父母本身性格也存在着很大缺陷且不自知，无需太多的情境激发，就会给孩子带来伤害。

要是我们只看到这样的循环，那么难免会感到失望沮丧，认为和孩子的关系无法改变了。但只要我们抓住这些问题的关键，就完全可以让事情变成截然不同的局面。而这关键，就在于沟通。

良好的沟通，是控制父母负面情绪，并保护孩子少受伤害的最佳手段。

有一天晚上，我让妻子去超市买一些食品，我独自在家照顾儿子。谁知道，自从妻子离开家，孩子就一直心神不安，而且对我不断发脾气。要是往常，我一定会忍不住说他一顿："你以为只有我一个人在家，就管不了你了吗？"但是那一天，我想了想，决定问问他为什么这样，结果儿子告诉我，他看到外面天很黑了，很担心妈妈出门会不安全，而且对我让妈妈出门、自己却留在家里这件事很生气，认为男人不该让女人冒险。这个答案让我相当意外，有些惭愧，却也有些感动，没想到，孩子竟然开始像个男子汉一样担心起妈妈的安危，甚至比我考虑的还要多。我也是从那时候才意识到，我们以为发生在孩子身上的很多事，并非就是真相。如果不去沟通，我可能一辈子都不会知道我的儿子有着这样的想法。我很庆幸，我那天压抑住了怒气，去问了他，但也很遗憾，没有早些发现这一点，我想，我一定在过去因为自以为是，而伤害过孩子很多次。

这位父亲一时的灵光一闪，让他发现了良好沟通的力量，而更多的父母，则是随着习惯在教育孩子，很难有这样柳暗花明的契机。

可以说，很多家庭，并没有良好的沟通习惯，因此孩子不仅无法和父母进行沟通，和别人也是一样。而那些因为沟通而带来的好处——比如自信的性格，对于别人的理解能力，和与别人共同解决困难的能力，也都注定和这些孩子无缘。

如果你不希望因为沟通的问题，而给孩子带来恶劣的影响，那么就先要学会对于目前的沟通进行自省。

如果，你的孩子不愿意和你说话，屏蔽你，厌恶你，那么十有八九，是你们的沟通出现了很大问题。如果你不能确定孩子对你的态度，那么就从自己的行为上回忆一下，你是不是对孩子说过类似这样的话："你真没用""你怎么这么笨""我不愿意管你""你还真是少见多怪""我没空，你别对我说这些了"，那你其实已经对孩子形成了伤害，并且为你们的沟通制造了障碍。这种情况下，再不赶紧改变沟通方式的话，你的孩子的性格很可能受到严重的扭曲。

父母与孩子，到底怎么对话，才能称之为良好的沟通？

我们给出的意见可以总结成四个字：以诚相待。

chapter 3

真诚沟通，
是我们和孩子交流的唯一方式

别忘了你曾是个怎样的小孩，又曾想成为怎样的大人。

好的沟通，满足了孩子的存在感

一天，一个四岁的孩子在农场里玩耍，看到一只急匆匆的母鸡，便跟随这只母鸡一路来到了鸡窝，然后，她躲在里面花了几个小时观察母鸡下蛋。就在她为了母鸡的每一个动作兴奋不已的时候，全然不知道，整个农场已经为找她而闹翻了天。

在小女孩蹦蹦跳跳回到家后，她的母亲却没有急着责备她，而是看到她喜悦的神情后，语气轻松地问："刚刚发生了什么有趣的事吗？"小女孩将自己看到的场景描述给母亲听，母亲则安静而微笑地看着她讲完。而也正是母亲的这一次耐心倾听，让小女孩从此开始了一系列对动物稚气而执着的研究。

这个四岁的小女孩，就是后来闻名世界的动物学家珍·古道尔，她凭着一己之力改变了人类对黑猩猩的认知。至今，古道尔仍然对母亲当年的耐心无比感激，如果她的妈妈没有坐在厨房里听她讲述母鸡生蛋的过程，而是大吼一声："你跑到哪里去了，下回再敢这样，我会好好打你屁股。"古道尔或许就再也不敢探索动物的神奇，这世界上很可能就此少了一位杰出的女科学家，多了一个普通的捡蛋姑娘。

这就是典型的"好的沟通"的例子，父母没有急于兴师问罪，而是愿意和孩子交流刚刚到底经历了什么，她为什么失踪几个小时，又为什么会在回来时那么高兴。对于父母来说，这样的沟通，可以让自己弄清楚事情的来龙去脉，却不会伤害孩子的感情。而从孩子的角度讲，在这样的沟通中，他们找到了存在感，孩子不会因为自己讲述的事情过于微小而被忽视，也不会因为自己引发了麻烦而被禁止某种尝试，更重要的是，孩子们从这件事中获得的心得体会，在萌芽阶段没有被轻易抹杀，而是得到了父母的认真呵护。

孩子在成长过程中，很需要学会逐渐找到自己的各种位置，而在他们步入社会前，最好的训练，就是在家庭中先找到自己的位置。他们需要明确自己作为家庭一员的权利和义务，然后在成长中举一反三，明白自己身为班级一员、公司一员的位置，而这一切，都需要一开始能与父母顺畅沟通才能实现。

在家庭中，有时候，孩子确实是需要你的指导，以帮助他们解答成长中的疑问；而有时候，孩子只是想确认，他的喜怒哀乐都能得到你的回应，他对你而言很重要。孩子需要从沟通中找到存在感，需要和父母在一个只属于你们的平台对话，在这个平台上，他是唯一能占用你精力的人和事，而不是去和你的工作、应酬、正追的热剧和洗碗槽里的盘子一起排队摇号。

存在感的获取，对于孩子而言，只是一系列良性反应的第一步。

好的沟通，让孩子收获成就感

随着孩子不断成长，他们开始争取自己的话语权，这本来是件好事，然而他们的争取方式，却常常是不断冒出荒诞不经的念头。面对孩子的变化，有些父母很难淡定处之，但是至少，我们要在分析他们的想法前，先对他们"能存在这样的想法"这件事，表示尊重。

越被尊重的孩子越自信，即使，你是在指出孩子的不足，但只要采取的是足够尊重、平等的沟通方式，孩子同样可以有所收获。

大概是 13 岁的时候吧，我和父母在吃晚饭，他们讨论起当时一件很轰动的社会新闻，偏巧这件事情我和朋友们也讨论过。等父母发表完意见后，我忍不住说出了自己的看法，我记得，父母吃惊地看着我，好像没想到我会有这样的见解。那一刻，我紧张死了，因为我不确定自己是不是可以参与父母的讨论，也不确定自己说出的观点对不对，下一秒，爸爸拍了拍我的肩膀，说："孩子，你说得挺有道理，你果然长大了。"接下来，父亲和我认真探讨起了这件事，而且用成人的角度，给我分析他是怎么考虑的。那也是我第一次感到，自己真的不再是个什么都不懂的小孩子了，很高兴我是通过和爸爸聊天就有了这种感受，而不是像别人家的男孩那样，必须通过抽根香烟、偷喝杯酒或者和女孩约会一次，才能觉得自己在长大。

很多孩子都曾有过这样的经历，他们兴冲冲地对父母提出一个建议，或者发表一个观点，虽然心里很兴奋，但也是忐忑的，父母接下来的反应，将会给他们的这一系列行为打上评语。如果父母总是给予呵斥、嘲笑、冷漠，孩子会感到挫败，于是，在下一次同样的情况下，他们会选择乖乖闭嘴，并在以后的人生中，不敢再勇敢为自己发声。

而如果，父母肯和孩子交流，哪怕孩子的想法是片面的、荒唐的，父母如果可以用一个平等的身份去和孩子探讨，孩子则有机会在一次次表露心声中，逐渐修正自己的视角。其实，答案是不是正确无误，对孩子而言并不那么重要，重要的是，孩子要知道自己是值得被人鼓励的，能有形成自己观点的能力。

一旦孩子从家庭中获得了自信，便能相信自己也可以在其他领域有所胜任；一旦孩子获得了父母的鼓励，他们便能相信自己也可以获得别人的肯定。

我们给予孩子的一切，在孩子看来，都是这个世界的微缩版本。如果我们拒绝沟通，并轻易释放负面情绪，孩子便会认为自己不受世界的欢迎；如果我们愿意沟通，并积极引导，孩子就会认定自己能够受人欢迎，并做出一番成就。

和孩子沟通，只好好说话还不够

既然好的沟通的例子也有不少，我们是不是也如此对孩子说话就 OK？

通常情况下，我们可以用嘴去交流，但仅仅这样做，却是不够的，我们还必须借助手中的笔，才能真正实现和孩子以诚相待。

"有什么事情，难道不能直接说出来吗？"这是很多人在听到"和孩子一起写笔记"时的第一反应。

没错，比起拿起笔写上一段文字，直接张口去说，确实更加方便。语言的好处恰在于此，一旦出现任何分歧，或者有任何想法和意见，可以当时交流，没有耽误。

但语言的危险，也在于此。

· 那天我的儿子问了我个问题，我当时正在想别的事情，于是随口敷衍了几句，孩子对我的回答很不满意，还因此和我吵了一架。事后我反思了一下，如果我当时能思考五分钟，肯定不会那么回答他，但是当时我太忙了，没顾上多想。

·我是个急脾气的人，每次骂完孩子后，我都很后悔，可是下一次，还是会这样。

·从小我就不是个善于言辞的人，每次孩子想跟我探讨些什么事情时，我都特别紧张，我怕说错话会被他嘲笑。

因为忙碌而导致的漫不经心，由于冲动而造成的脱口而出，缘于性格而出现的语无伦次，这样的时刻，哪个家长没有过？

而语言交流的另一个特点，就在于很容易受到其他因素的干扰。很多争吵，其实都和你们所说的内容无关，争吵的原因，或许是由其中一方说话的口气、眼睛没有直视对方、看了一眼手机、半截突然打了一个呵欠这样的小事所引起。

父母之所以不容易做，是因为很多事情没有预演的机会。大部分对于不当语言的反思，也都是马后炮。这正是教养过程中的最大难题，语言来得太快，思考跟得太慢，伤害却已实实在在。

除了语言容易带来伤害外，语言在某些情况下，也会成为交流的阻碍。一旦两个人正式面对面进行一场郑重其事的谈话，难免精神紧张，尤其是对孩子而言，面对自己的长辈，情绪上会有种天然的戒备，很难快速敞开心扉。而一起写笔记就不同了，即便讨论的事情再重大，也不会遭遇面对面的尴尬，可以坦露心声，毫无遮掩。

我还曾有过这样的时刻，晚上十一点，我正在赶一份计划书，而我的孩子则跑过来说想和我聊聊，父母的责任心让我知道自己应该离开电脑，而老板的电话则让我分身乏术。孩子当然不高兴，但他不会知道，自己的妈妈正在面临一场是惹怒老板、丢掉工作，还是做个称职母亲的艰难抉择。别相信电影里那些为了跟孩子徒步露营而扔掉手机的片段，成年人的生活没有那么潇洒，只是这些事，我们又没办法跟孩子开口诉苦，一旦将生活的压力转嫁到孩子身上，等于在拿自己的困难绑架他们，逼着他们不得不闭上嘴巴，乖乖退后。

所以，我们主张用写来代替说，写比起说来，具有以下几大优势：

1. 给大脑一个思考的缓冲，能够在冷静的状态下，做出更符合自己内心的答案；

2. 你们的沟通可以不受其他外界因素的干扰；

3. 即使你当时很忙碌，也不用担心会耽误和孩子交流，可以自行安排合适的时间；

4. 在将文字交给对方前，你可以进行检查和修改，防止因为一时疏忽而伤害对方；

5. 在一个私密且开诚布公的平台上，你们的话题可以不断延伸，而且很多话题，用文字去说才不会太尴尬。

在这个人们习惯了电子通信的社会，重新拿起纸笔去对话，并不是什么刻意返璞归真，而是用牺牲掉一时的便捷，去换取一次真正有效的沟通，而这比起给孩子带来的益处而言，实在是值得的。

可是，到底怎么写，却是个问题。

在这个年代，父母们并不疏于对孩子的记录。在此之前，你肯定已经为孩子拍了几千段视频，照了上万张相片，如果你有写成长笔记的习惯，那种记录他／她身高体重和点滴琐事的本子，应该也写满了几大本。虽然我不知道在你家，是谁主要负责这件事情，但我敢肯定的是，你的孩子却并没机会参与其中，尽管，他们才是这场记录的主角。

孩子要参与其中吗？

在他们太小的时候，的确不能，但是等他们长大到有能力用文字记录和表达的时候，就确实该换一种记录的方式了。

我们为什么要和孩子一起写？因为沟通必须建立在同一平台，这样你们才可以在同样的条件下进行对话，一起营造出良好的沟通效果。从另一个角度来说，父母和孩子一起写，也是因为成长并不只存在于孩子一方，孩子磕磕绊绊的成长之路，亦是父母跌跌撞撞的晋级之旅。我们不能一面自己拒绝成长，一面却希望孩子可以卓越不凡。

哪怕是出于最实际的目的，让孩子拿起笔进行沟通，还可以锻炼孩子的文字表达能力，让他们学会用固态的字，表达出最灵动的情绪。如果你还是无法直观了解，那么下面这对母女的经历，或许可以给你带来一些启示。

女儿的话

上三年级的时候，我喜欢上一个男孩子。他和我一个班，就坐在我的对面，而且又聪明又帅气，简直完美。要命的是，同学们都说他也喜欢我！我真不知道该怎么办。是应该假装矜持吗？还是热情地在他身边打转？要么干脆问他愿不愿意和我约会？我找朋友出谋划策，可他们每个人给的主意都不同。我越来越不知所措，看来，只剩下最后一招了：

问问妈妈有什么建议。

这个念头刚一冒出来，我就吓了一跳。不，我不能那么做！那得多尴尬呀！我从没跟妈妈谈论过男孩子。如果她训我一顿，说永远不许我约会呢？如果她给我出的主意很烂呢？如果她给他的妈妈打电话，然后两个妈妈联合起来笑话我们，说"这两个孩子太幼稚了"那可怎么办？

可惜的是，除了妈妈，我没有别的人选。

那一天，我终于鼓起勇气去找妈妈。

"嗯，妈妈。"我站在她办公室的门口，看着她兢兢业业地敲着键盘。

她"嗯？"了一声，却没有转头看我一眼。

我的脸涨得通红："是这样的我们班有个家伙我很喜欢他他也喜欢我可我不知道该怎么办因为他真的很不错我不想把事情搞砸。"我一口气就把事情说完，希望可以减少一些自己的尴尬。

大概有整整一分钟（感觉却像是一年），妈妈什么都没说。

"妈？"我又小心叫了一次。

"嗯？"

"妈？"

"啊？对不起，宝贝，我刚才在想别的，你说了什么？能不能再说一遍？"

我几乎要爆炸。

妈妈皱起眉头："苏菲，尽管告诉我，什么事我都能理解的。"

我犹豫了一会儿，最终咬了咬嘴唇："没事了，妈妈。"

我跑到自己的房间，在笔记本里把经过一五一十地记了下来。没错，这事儿说起来好像挺搞笑，但我真的挺生气。我犹豫了这么久，纠结了这么久，最后只换来几声"嗯"！

超！级！不！值！超！级！傻！

那天晚上，我乖乖去参加了啦啦队训练课程。在那儿又发生了一件让我不快的事，回到家后，我气得根本没法组织语言，只能在笔记本里胡乱涂涂画画，把这一天的不愉快都记了下来。等我好不容易平静下来，我的脑海里突然灵光一闪：为什么不写在笔记里拿给妈妈看呢？于是，我抓起一本新的笔记本和两支签字笔去找妈妈，把自己的主意说给她听：我在笔记本里写下想说的话，把本子放在她床上，她写上回复后再交给我。一套完美的"母女即时沟通体系"。

几年时间转瞬即逝，很快我就从3年级升到8年级。我和妈妈一同写了5年笔记，我们乐在其中。在笔记里我可以畅所欲言，向妈妈倾诉青春期所有的糗事和烦心事，而且免去了当面告诉她时的难堪。

一起写笔记还有一个好处，就是能增加对彼此的了解。你知道自己的妈妈喜欢什么样的大餐吗？知道她第一次看的是哪支乐队的演唱会吗？知道她在中学时喜欢什么样的人吗？反正我是从和妈妈一起写笔记之后才知道的。一点一点了解妈妈的方方面面，这个过程可好玩儿了。

不过有件事不得不说：我可不会把自己假扮成"超级女儿"，也不会违心地说我妈是个"超级妈妈"，因为我们本来就不是。有时候我们真的会翻脸！你看，这又是记笔记的好处之一——我妈惹我生气，我就写下来告诉她，而且我们能够心平气和地把问题解决。

有一次，我们因为我弟弟闹了别扭。我当然很爱我弟弟，只是有时候，我觉得他的日子未免太好过了。比如，如果他数学考了个 B，会被夸："不错嘛！"如果我得了个 B，得到的却是一句："你怎么不更努力一点？"什么遛狗、饭后收拾桌子之类的事情好像成了我的分内事，我弟弟拍拍屁股就去玩"吉他英雄"了。我把心中的不满当面告诉我妈，她很生气地说："你弟弟得到的关注并没有比你多，干的家务活也不比你少，而且他在学校表现不好的时候我

们也没少批评他……"我知道，还是别聊这事儿为妙，不如把它写在笔记里。这一招还真管用！我们在笔记里讨论，而且妈妈一点没生气，我们的矛盾也没有升级。现在我们已经能够做到，在发生争执的时候，不写笔记就把事情解决。笔记帮助我们学会更好地倾听彼此，更加善于站在对方的角度去体谅对方的心情。共同写笔记让我和妈妈变得更加亲密，而且带给我们无穷的乐趣。

我由衷地感谢这些笔记，因为我终于明白，妈妈永远愿意倾听我的心声。她有时候无法立刻回应，那也没什么，我只要写下心里话就好。比如，有时候朋友发来的短信或即时信息看得我有点窝火，我就可以马上把这事儿和自己的感受写在笔记里，用不着眼巴巴地等妈妈回家。就算她忙着开会什么的也没关系，我随时可以把心里话写下来。如果没有与妈妈共同写下的这些笔记，我的人生，还有我和妈妈之间的关系一定与现在截然不同。我很高兴，因为这种"不同"只是如果，并没有变成现实。

苏菲·雅各布斯

妈妈的话

"你们干吗不当面直说呢？"当我告诉邻居我和女儿苏菲有一起记笔记的习惯时，她这样问我。

我仔细想了想：她说得对吗？我们是否应该"当面直说"？当面说真的更好吗？

然后我意识到，我和苏菲不是没有当面交流过。当面说和写笔记并不矛盾——它们是互相补充和促进的关系。和女儿一同写笔记让我们之间的关系变得更加牢固，我们聊得更深，话题也更多。它只是许多交流工具中的一件而已。再说，这是苏菲的主意。

很多人以为，我这种会向快递员索要装冰箱的大纸箱，并且把它改造成一座木偶剧院的所谓"超级妈妈"，应该是

50

主动提出要和女儿一起写笔记的人。可实际上，这还真不是我的主意。

我还记得当时的情景。那一年她9岁，有天晚上，她上完啦啦队的课回来，直接进了自己的房间。晚餐时她也特别安静，晚饭后，她叫我到她房间去。我依旧记得当时自己站在走廊里，她告诉我，有时候她有话想对我说，可是又觉得有的事儿说出来太丢脸或太傻气。她问我是否愿意和她一起写笔记，这样她就可以把心里话写下来给我看，然后我再添上自己的回复。

我欣然接受了——难道有谁会拒绝吗？我们指定一个活页笔记本为笔记本，说好不给任何其他人看（孩子她爸也不能看——女儿让我发誓又发誓）。就这样，我们开始了笔头的交流。有意思的是，她写的内容我一直记得，自己写的什么却只有模糊的印象了。其实在写笔记这件事上，具体写了些什么并不重要，在她不愿意开口说话的时候，我们通过这种方式敞开心扉进行交流，才是最让人高兴的地方。

我们把这个习惯一直保持了下来。并非每篇笔记都有严肃的主题——我们也谈"青春期叛逆"之外的话题。她在最近的一篇笔记里说，特别喜欢我和孩子她爸收拾妥当要出门时家里的气味。我笑了。我告诉她，我的妈妈只有在出席重要场合时才会喷香水，而我小的时候，就特别喜欢闻她化好妆、喷好香水后的气味。只是单纯分享彼此的故事、梦想和想法的笔记，我也很喜欢。

我喜欢这样把心中的话诉诸笔端，因为与说相比，它有一些小小的不同之处。写东西的时候，我的思维通常更为发散，所以比起面对面交谈，能够分享的内容更加丰富，孩子接收的信息也就更多。另一方面，苏菲在写的时候往往比说的时候更加大胆直率。有时候她会在笔记里责怪我做了让她生气的事。说真的，如果是当着我的面，她应该不敢如此直言不讳，况且，我也不清楚自己是否有足够的气度来承受这些指责。所以说，在笔记本里笔谈的方式使得我们能够保持足够的距离，也更加能够做到坦诚相待。

我永远不会忘记，她有一次在笔记里说因为觉得我对弟弟的态度比对她要宽松得多，所以很生气。我很高兴她能直言相告，避免让怨气越积越多，但同时我也的确有点恼火。说实在的，我自认是个很不错的妈妈，怎么可能被她挑出错来？！还好，因为我是在读笔记，所以能够按下不悦，扪心自问她写的内容是否有道理。与她的话是否有道理相比，更重要的是她的确产生了那样的感受。想要解决这个问题，我需要让她感到我对他们姐弟没有任何偏袒才行。

在读到苏菲为这本书写的那些话的那一刻，我才知道，原来她想和我共写一本笔记的原因之一，是因为有时候她有话想跟我说，可我却一门心思敲着电脑或打着电话，无法及时给出反馈。的确是这样，当孩子们想要说心里话的时候，父母不见得能够随叫随到。我们做不到随时待命。但是有了亲子笔记，对话的机会就不会在孩子无穷无尽的等待中流逝。

我和苏菲都变得越来越忙，亲子笔记也就越来越重要。从一同写笔记那天起到现在，她每天的日程发生了很大的变化。我们能够坐下来聊天的时间逐年减少。而且，苏菲如今已经 14 岁了，我必须让她知道，我们永远可以用这种方式进行沟通。这是倾诉感受和心事、表达担忧和挫败感的渠道，也是一种与我分享内心世界的方式。

而且，写亲子笔记能帮助孩子更加自如地用电子邮件、短信和即时信息进行沟通。苏菲已经是个大姑娘了，通过她我才发现如今的孩子习惯通过些什么方式来交流。他们不打电话，而是发消息。看到写笔记帮助她与我以及她的朋友们之间的"谈话"打下了基础，我感到很高兴。我已经能够想象她上大学后，我们发电子邮件继续谈心的情景了，当然，那是好些年以后的事儿了。

　　苏菲这个年纪的女孩正在经历人生中的"动荡"时期。不幸的是，这个时期来得比以前要早得多。在与苏菲共同记笔记的短短几年里，我们的话题从她弟弟谈到别的男孩子，从商量玩伴聚会谈到青春期的种种困扰：一切就这样猝不及防地发生了。有的时候，看到苏菲一副成熟而自信的模样，我甚至会忘记她每天还要应付不少问题。她曾经在一篇笔记里问过一个问题，我知道如果是当着我的面，这个问题一定会让她尴尬到无法开口，而且如果当面听到我的回答，也一定会让她羞愧难当。这让我再次意识到，她仍旧是一个正在努力理解自己生理和情绪变化的小姑娘。换作是我，肯定不敢当面问妈妈那样的问题。不过，如果是写在纸上，这些话题讨论起来就显得简单多了——而且我发现，在纸上"聊"过这些话题后，再面对面进行讨论，我们会感觉自在得多。

我和苏菲现在几乎无话不谈。如果不写笔记，我们是不是也会这样亲密呢？我不敢断言。但是我可以确定，如果不写笔记，我们分享的内容一定不会这么丰富。哪怕她只是写下一篇"问卷调查"——问我最喜欢什么歌，最近一次睡过头是什么时候、因为什么原因等等一切鸡毛蒜皮的小事——那也是在了解我这个"人"（而不仅仅是她的妈妈）。这正是我们的关系与众不同的原因。而且我也有机会向苏菲发问，进而了解她的一切，比如她喜欢的颜色、她喜欢男孩具备哪些特质等等。

每当我对妈妈们说起和苏菲写笔记的事，她们总是会赶紧在笔记本上草草写下"买个笔记本"，这样看来，这个主意还是有用的。我还听过有些妈妈和将近 20 岁的孩子共同写笔记的事例，通过这样的方式分享彼此当下的体验，他们拉近了心与心之间的距离。

我真希望你们能像我和苏菲一样，在写亲子笔记的过程中发掘出越来越多的意义。我很感激——不仅感激我们眼下分享的心情，更感激那些已经封存的时光胶囊。我想起苏菲还是个小女孩的时候，那并不是多么久远的事，可是有好多情节已经变成了褪色的记忆。她说话的声音，我们聊了些什么，她为什么笑了，又为什么哭了……许多小细节在记忆能够触碰的边缘翩翩起舞，我努力想把它们拉回来。一眨眼苏菲就长大了，但是我知道，我们有亲子笔记本。我想象着在许多年后的某一天，我找到这本笔记，翻开它，被其中记录的字字句句带回到过去的时光里。我们记录的每件小事、苏菲的字迹和她使用的字眼，这一切都将那个时刻的苏菲定格在了时光里。

　　与照片比起来，我和女儿共同记录的生活点滴有更大的魔力。

　　　　　　　　　　　　　　梅瑞狄斯·雅各布斯

看，在和孩子沟通这件事上，永远都没有太晚的开始，你能和你的孩子在她 7 岁时做这件事固然好，但是 10 岁时、16 岁时，哪怕 20 岁时去做，也都来得及。孩子永远需要和父母能够坦诚对话，因为从沟通开始的那一天起，他的生活就将发生可喜的变化。

　　而父母，也需要这样一个平台，让我们充分了解孩子，也让孩子，走近我们自己。

别忘了你曾是个怎样的小孩，
又曾想成为怎样的大人

　　小时候，每一次被父母教训时，我们都暗下决心："长大后，我才不要做这样的家长。"这大概也是每个人都曾有过的经历。我们关于自己做父母的设想，并非是在下一代出生后才突然蹦出大脑，而是从我们自己还是个孩子时，在与自己父母打交道的过程中，就已经一点点有了构思：

　　　·永远不冲孩子发火；

· 永远不强迫他上课外班；

· 永远尊重他的选择；

· 永远不对他的朋友指手画脚；

· 永远不说伤害他的话……

几十年时间过去，如今，我们终于也为人父母，该是兑现诺言的时候了。然而，我们却不得不承认这么一个现实：我们并没能成为当初想做的那种大人，反而越来越像自己的父母：

· 你怎么那么不懂事。

· 我这是为你好。

· 我是你父亲／母亲，我说不行就是不行。

· 你离那样的人远点。

· 我真是受够你了！

我们似乎已经忘了，自己当年是个孩子时，是多痛恨这样的语言，也忘了自己当初和家人对峙时，曾经决心做个怎样的父母。当身份改变时，我们的确会看到自己之前看不到的问题，亲身体会到父母当时的立场与苦衷，但是，这并不意味着我们就必须重复当年的方式，才能实现目的，更不意味着，我们的孩子必须先受到伤害，才可以实现成长。父母是一门终身课程，需要一路和孩子共同成长。而互动笔记，则等于铺设了这样一条跑道，让父母和孩子可以一路同行。

与孩子一起写笔记，不仅仅是在记录孩子的今天，也是在帮我们回忆自己的昨天。而回忆昨天的意义，在于随时提醒我们：我们也曾是个孩子，所以，我们应该理解今日自己孩子表现出的幼稚和犯下的错。

而这个念头，对于孩子而言，同样是让人兴奋的，他们很希望知道自己的父母在年少时，到底是个什么样子，是不是也会被罚站？是不是也暗恋过同桌的女生？是不是有时候也会讨厌自己的父母？如果孩子能从你这里得到关于你过去的信息，会让他们觉得安全：原来我的父母那时也是这样，那我现在的感受，就不算奇怪。

再深一层说，告诉孩子你的过去，还能让他们了解一个完整而生动的你。你不再只是一个高高在上的家长，而是一个同样血肉鲜活、思想生动的亲人，只有当你和孩子互相了解后，你们的血缘才真的有了意义。孩子继承的，不再只是你的姓氏和样貌，还有你的沟通习惯，你的思考模式，以及那些属于你的故事。

而这样的记录方式，还将由你们这里开始，传给下一代。

chapter 4

关于沟通这件事，
他们这样告诉你

孩子是我们生命的延续，延续的不仅是姓氏，更有那些属于

我们的故事：

我记得妈妈煎蛋时爱放胡椒，

记得她发脾气时的习惯用语，

记得她超市里最常光顾的货架，

却在过去的 15 年中都不记得，她除了"妈妈"外的样

子，是什么。

这是一位用过互动笔记的孩子所写下的话，而在所有的反馈

中，这样的感慨并不在少数。沟通的奇妙就在于，我们无法预料最终会带来的好处有哪些，有些是计划内的，但更多的则是计划之外的惊喜。

下面，就是一些读者的反馈，他们有些是互动笔记的受益者，还有一些，是曾经经历过一些关于沟通的体验，认为自己需要这样一本笔记的人。看看他们的心声，我们或许就能知道，文字上的你来我往看似平常，却拥有最让人震惊的魔力。

1.我一直觉得，自己是个很称职的妈妈，然而有一天，儿子给我写了一封信，信里的话让我惊骇："妈妈，你很讨厌我吗？为什么你总是对我那么凶？除了成绩，你关心过我的想法吗？"我很难过，也很失落，但更多的是汗颜，因为我除了监督他的学习，真的没有问过他内心的想法，而我对他的态度，也常常是随着分数而变化。我想，我们是时候像一对母子那么对话了，只是这沟通的过程，我真的需要有人告诉我怎么做。

2. 我的天，我真是太爱这本笔记了，答应我妈记这笔记，大概是我今年做的最正确的一个决定了。老实说，最开始我觉得妈妈是要借机打听我的隐私，但没想到，妈妈说出的秘密比我还多，这种和妈妈成为闺蜜的感觉，太棒了！

3. 我常常想，如果时间可以倒流，让我去弥补曾经犯下的一个错误，我会选择的一定就是那一件——找回母亲写给我的那些信。那些信，是我高中时妈妈写给我的，一共23封。长大后一次搬家，我不小心弄丢了装信的口袋，这件事让我至今都很难过，如果人真的有一张"后悔排行榜"，这件事绝对是我榜单上的第一名。要是那个年代，就有这样的互动笔记就好了，我也就不会轻易将那些珍贵的记录搞丢了。

4. 和儿子一起写笔记这事，是儿子自己提出来的，一度让我挺不好意思，但这本书里设置的问题真的救了我，不是那么严肃，也不是那么插科打诨，对于我这种说话不太有条理的爸爸来说，太需要有人帮我先设置出这样的问题了。

5.本来买这本书，我是打算和女儿一起记录的，但是在看完了介绍文字后，我却分外思念我的母亲。妈妈身体不好，五十多岁就去世了，我整理遗物时，发现了她的一本笔记，才知道，妈妈当年年轻时，竟然是个叛逆的少女，甚至连离家出走这样的事都做过，这和她留给我的稳重严肃的印象，一点都不一样，但她在世时，我却对此一无所知。我真应该在她在世的时候多去和她沟通，这样，她心里应该不会那么孤单了吧。

6.你知道吗？如果不是因为这本笔记，我这辈子都不会知道，爸爸竟然是那么风趣的人，我以前每次跟他说话都很害怕，可现在，即便他板着脸，一想起他在笔记里说的那些话，我就能笑出声。

7. 女儿那天拿来这本笔记，说她遇到了和书里那位女儿一样的状况，她也喜欢上了一个男孩，但是不知道怎么做，所以希望可以和我也进行一次笔上的交流。老实说，我当时听到这个消息，第一反应是想要告诉她不要早恋，好在我没有说出口，而是选择了先看女儿的留言。在看的过程中，记忆被唤醒，我想起自己当年也曾经因为见到隔壁男生而小鹿乱撞。这么正常的事，我现在为什么要大惊小怪？自从我们用笔记交流后，我不再急着告诉女儿应该怎么去做，而是会思索一阵子再给她回复，并且，大概是因为笔记让我可以更加客观地看待事情，我现在只会给一些思路和建议，不会像以前那么强迫她了。我明显感觉到，女儿正在发生变化，她更愿意和我倾诉了，而且也越来越自信，越来越不怕面对问题，因为我们总能通过沟通，协力将难题处理好。

8. 自从和孩子一起记笔记后，他越来越尊重我了。

以上，就是读者们对于笔记的反馈。可以说，所有使用过这本笔记的人，都必然有所收获。如果你也决定和你的孩子加入记录的队伍，下面这些问题，是我们需要给你提供的具体建议。

必须遵守的原则

几个需要预先说好的重要问题：

1. 谁可以看这本笔记书？这一点必须提前确定——缺乏信任，这本笔记书是很难真正完成的。

2. 怎么交接笔记书？比如，你们可以把床头柜当成交接点。不过，将笔记本放在对方床头柜的时候，我们还是会口头告知一声，比如"我在笔记本里写了东西，放在你床头柜上了"。有一次我们的笔记本被压在一大堆五花八门的书和杂志下面，好长时间之后才找到，从那之后我们就学乖了。

3. 什么时候回复比较好？受时间所限，有时你们可能无法及时回复（也许父母很累，而孩子有家庭作业要写），所以如果急着等待回复的话，就应该想办法提醒对方。比如，在长长的笔记的中间写上一句"这个问题挺紧急的，盼回复。"或者在此页贴上一个贴纸，强调"请尽快回复"，就像我们给重要邮件标上旗帜符号一样。如果不是那么紧急，就说一句"我写了些东西，什么时候回复都可以"。（父母们请尽量不要耽搁太久，孩子盼着跟你们交流呢！）

4. 你们打算怎样称呼彼此？"亲爱的你……爱你的，我"？还是"亲爱的妈咪"、"亲爱的爸爸"、"亲爱的（接上名字）"？这个步骤看似无关紧要，但是不要小看称呼的作用，它们能够为整本笔记定下基调。

5. 用什么文具写？这个问题可不是开玩笑。你们可能愿意挑选一支特别的笔，把它别在这本书的封皮上。把笔和书绑定在一起，回复起来会更方便，省得为找一支笔而临时去翻箱倒柜。还可以买一盒彩色铅笔或蜡笔给笔记配图。你们也许需要商量一下对字迹的要求。当然，写笔记不用像完成学校布置的作文一样做到"卷面整洁"，不用讲究书法，可是别忘了，你写的东西可是要给另一个人看的，所以保持字迹清晰很有必要。

基本原则

1. 笔记里的事留在笔记里。如果你们当中有任意一方将不愿意说出口的话写在笔记里，那么请务必遵守这条原则，也就是说，不论发生任何事情，这件事只能在笔记里讨论。

2. 在笔记里畅所欲言。不要发火。妈妈们请尽量让孩子感到自己在你面前可以畅所欲言。如果担心写下某些内容会惹你发火或是受到惩罚，孩子是一定不会写的。反之亦然。妈妈必须确定自己写的是心里话，而孩子读后不应因为不中听而生气发火。只有做到这一点，你们才能敞开心扉，坦诚地沟通，如果不敢放胆说话，效果就会大打折扣。

3. 坦诚。前面已经提到了是吗？好吧，重要的事说三遍：要坦诚，要坦诚，要坦诚。

4. 别忘了寻找乐趣。这份笔记并不是仅仅用来讨论敏感问题的，它还可以为我们的亲子关系开拓一个新的天地。偶尔写些傻乎乎的事情也可以，比如讲个故事、画幅画、列出你痴迷（或曾经痴迷）的电影明星或歌手等等。

　　特别提醒：永远不要忘记你们是多么相亲相爱。想一想，通过在笔记书中记录生活点滴的方式，你们不但会变得更加亲近，而且还能为你们眼下的生活状态和亲子关系留下最生动真切的记录，所以请妥善利用这本笔记书，珍惜它给你们带来的机会。

亲子笔记

有关我的20件事

1. 我最喜欢的运动是 ......

2. 我喜欢的明星是 ......

3. 如果所有食品都是蔬菜，我会吃 ......

4. 最讨厌的蔬菜 ......

5. 最喜欢的电视节目 ......

6. 最喜欢的电影 ......

7. 最喜欢的歌 ......

8. 最喜欢的球队 ......

9. 上学时最喜欢哪一阶段 ......

10. 最喜欢的口头禅 ......

11. 最喜欢的假期 ......

12. 如果预知绝不会失败，我想做的事是 ......

13. 会有负罪感却喜欢做的事是 ......

14. 我想去 ......

15. 我讨厌 ......

16. 我热爱 ......

17. 我相信 ......

18. 我又爱又恨的一个流行趋势 ......

19. 我最喜欢的跟孩子有关的事 ......

父母

有关我的20件事

1. 我最喜欢的运动是 ....

2. 我喜欢的明星是 ....

3. 如果所有食品都是蔬菜，我会吃 ....

4. 最讨厌的蔬菜 ....

5. 最喜欢的电视节目 ....

6. 最喜欢的电影 ....

7. 最喜欢的歌 ....

8. 最喜欢的球队 ....

9. 上学时最喜欢哪一阶段 ....

10. 最喜欢的口头禅 ....

11. 最喜欢的假期 ....

12. 如果预知绝不会失败，我想做的事是 ....

13. 会有负罪感却喜欢做的事是 ....

14. 我想去 ....

15. 我讨厌 ....

16. 我热爱 ....

17. 我相信 ....

18. 我又爱又恨的一个流行趋势 ....

19. 我最喜欢和父母一起做的事 ....

孩子

你出生后，我第一次独自和你待在家里时的感觉 ....

....

....

....

....

你掉第一颗牙时，我记得自己的感觉是 ....

....

....

....

....

父
母

你第一天上学时，我记得自己的感觉是 ....

....

....

....

....

你经历其他第一次时，我的感觉 ....

....

....

....

....

我最早的记忆是 ....
....
....
....
....
....
....

当我小的时候，我认为 ....
....
....
....
....
....
....
....

孩子

在我的记忆中，我们一起经历的最好玩的事 ....
....
....
....
....
....
....

我像你这么大的时候，会跟父母聊的事

父
母

我真希望当年能和父母聊一聊的事

我喜欢跟你聊的事 ....

....

....

....

....

....

....

....

....

我发现有些事跟你聊起来很困难，比如 ....

孩
子

....

....

....

....

....

....

....

....

....

....

父母

孩子

小的时候，我想着长大后要当一名 ....
....

长大后我的实际情况以及原因 ....
....
....
....
....
....
....
....
....
....
....
....
....
....
....
....
....

父母

长大后我可能想做的三件事，以及原因

孩子

在像你这个年纪的时候，我是一个什么样的孩子 ....

如果我来当父母，可能会是这样

孩子

画出自己认为最酷的一身装扮

（还可以画出自己会穿着它去哪里，做什么）

父母

画出自己认为最酷的一身装扮

（还可以画出自己会穿着它去哪里，做什么）

孩子

父母

我童年时期的朋友

我的友情发生了怎样的变化

关于友情我懂得的事

父母

我最好的朋友是

我希望能在朋友身上看到

我在友情方面面临的挑战

孩子

讲一讲我在学生时代经历过的最难堪的事（以及我是怎样熬过去的）

父母

讲一讲我在学校经历过的最难堪的事（以及我是怎样熬过去的）

孩子

我最爱的歌曲前十名

父母

1. ....

2. ....

3. ....

4. ....

5. ....

6. ....

7. ....

8. ....

9. ....

10. ....

我最爱的歌曲前十名

1. ....

2. ....

3. ....

4. ....

5. ....

6. ....

7. ....

8. ....

9. ....

10. ....

父
母

孩
子

（假设）我写了篇小说，卖了很多钱！
它会是讲什么的呢？

父母

（假设）他们把我的生活拍成了一部电影！

这部电影里会有哪些明星，又有什么情节呢？

孩子

在像你这么大的时候，我经历的一件趣事

父母

我身上发生的最有趣的事

孩子

我在临睡前会想 ....

....

....

....

....

....

....

....

我经常做梦梦见 ....

....

....

....

....

....

....

....

我起床后想到的第一件事是 ....

....

....

....

....

....

....

父母

我在临睡前会想 ·······························

我经常做梦梦见 ·······························

孩
子

我起床后想到的第一件事是 ·······················

父母

孩子

我是否曾经因为害怕而不去做自己想做的事？

如果有，具体的情况是这么回事：...

....

....

....

....

....

....

....

父
母

....

....

....

....

....

....

....

....

....

....

....

....

....

我是否曾经因为害怕而不去做自己想做的事？

如果有，具体的情况是这么回事：

孩子

我最得意的一项成就 ....

....

....

....

....

....

我最遗憾的事 ....

父母

....

....

....

....

我做过一个令一切都发生了改变的决定：...

....

....

....

....

....

....

我最得意的一项成就

我最遗憾的事

孩子

我做过一个令一切都发生了改变的决定：

以下这些事情，我会说：
"我喜欢！"还是"呃！不要！"

	我喜欢！	呃！不要！
电视真人秀		
奇装异服		
寿司		
诗歌		
摇滚乐		
短信息		
球类运动		
唱歌		
舞台剧表演		
情景喜剧		
吸血鬼		
下雨天		
恶作剧		
动感电子乐		
雷暴雨		
卡通		
鬼故事		
水上乐园		
打电游		
锻炼		
蛋黄酱		
爬山		
自驾游		
狗		
老掉牙的电影		

父母

我喜欢！　　　　　呃！不要！

孩子

父母

孩
子

父母

孩子

写一首关于我孩子的歌

（曲子可以套用一首流行歌曲的调子）

父
母

写一首关于我爸妈的歌

（曲子可以套用一首流行歌曲的调子）

孩子

你和我相同的地方 ....

....

....

....

....

....

....

....

我们不同的地方 ....

....

....

....

....

....

....

我羡慕你的地方 ....

....

....

....

....

....

....

父母

你和我相同的地方

我们不同的地方

孩子

我羡慕你的地方

父母

孩
子

童年的我长这样 ....

....

....

....

....

那时候我穿的是 ....

....

....

....

....

....

父
母

那时候我喜欢 ....

....

....

....

....

如果穿越回去，我会和那时候的自己成为朋友吗？ ....

....

....

....

....

我这样描述自己的外表

我最喜欢自己的特质是

我希望自己身上能够改变的方面是

孩子

我的初恋，以及我从中学到的事

父母

关于恋爱和约会，我需要了解的事

孩
子

我想问你的问题

父母

1. ....

2. ....

3. ....

4. ....

5. ....

6. ....

7. ....

8. ....

9. ....

10. ....

我想问你的问题

1. ....

2. ....

3. ....

4. ....

5. ....

6. ....

7. ....

8. ....

9. ....

10. ....

孩子

父母

孩子

我做过最疯狂的梦

父母

父母对孩子的梦的分析

孩子对父母的梦的分析

我做过最疯狂的梦

孩子

嘘！这件事连我最好的朋友都不知道

父母

嘘！这件事连我最好的朋友都不知道

孩
子

画出一个梦寐以求的房间

（不一定是卧室，也可以是厨房、书房、阳台和衣帽间）

画出一个梦寐以求的房间

（不一定是卧室，也可以是厨房、书房、阳台和衣帽间）

孩子

父母

孩子

我想和你一起做的事

父母

1. ....

2. ....

3. ....

4. ....

5. ....

6. ....

7. ....

8. ....

9. ....

10. ....

我想和你一起做的事

1. ....

2. ....

3. ....

4. ....

5. ....

6. ....

7. ....

8. ....

9. ....

10. ....

孩子

在我的想象中，生了孩子之后的生活是这样的

我没想到的是

父母

关于我们，我觉得最棒的地方在于

希望我们能做得更好的地方是

有你这样的父母我觉得最棒的地方在于

我觉得不那么棒的是

希望我们能做得更好的地方是

孩子

如果能做一件疯狂的事而不产生任何后果，我会 ⋯⋯⋯⋯⋯⋯⋯⋯⋯⋯⋯⋯⋯

如果能任意选择一项超能力，我会选 ⋯⋯⋯⋯⋯⋯⋯⋯⋯⋯⋯⋯⋯⋯⋯⋯⋯⋯⋯⋯⋯⋯

父母

如果能去宇宙任何地方遨游，我想去 ⋯⋯⋯⋯⋯⋯⋯⋯⋯⋯⋯⋯⋯⋯⋯⋯⋯⋯⋯⋯⋯⋯

如果我能选择在任何时间，以任何身份生活，我希望自己是 ⋯⋯⋯⋯⋯⋯⋯⋯

如果能做一件疯狂的事而不产生任何后果，我会 ......

如果能任意选择一项超能力，我会选 ......

如果能去宇宙任何地方遨游，我想去 ......

如果我能选择在任何时间，以任何身份生活，我希望自己是 ......

父母

孩
子

5年以后我想要成为 ....

....

....

....

....

....

....

父
母

....

....

....

....

....

....

....

....

....

....

5年以后我想要成为

画出我最喜欢的运动

父
母

画出我认为你最喜欢的运动

画出我最喜欢的运动

画出我认为你最喜欢的运动

孩子

我希望自己会，但实际却不会的运动

运动和锻炼给我带来的精神和身体上的感受

父
母

我希望自己会，但实际却不会的运动 ....

....

....

....

....

....

....

....

....

....

....

运动和锻炼给我带来的精神和身体上的感受 ....

孩
子

....

....

....

....

....

....

....

....

....

....

父母

孩子

我像你这么大的时候，觉得学校 ....

....

....

....

....

那时候我的爸爸妈妈怎样对待我的学业

....

....

....

....

父母

关于学习和考大学，我希望你知道的事 ....

....

....

....

....

....

我最棒的学习经验（包括校内和校外）..

....

....

....

....

我喜欢学校的方面 ....
....
....
....
....

我不喜欢学校的方面 ....
....
....
....
....

我觉得自己的分数 ....
....
....
....
....
....

我最棒的学习经验（包括校内和校外）..
....
....
....
....

孩
子

感觉太累时我会怎么办

我希望自己能多花时间去做的事

我希望你能多花时间去做的事

如果可以随意选择做任何事，我会选

我认为自己参与的活动数量

占用我太多时间的活动是

我希望自己能多花时间去做的事

如果可以随意选择做任何事，我会选

孩子

我自己喜欢，也希望你会读的书

1. ....

2. ....

3. ....

4. ....

5. ....

6. ....

7. ....

8. ....

9. ....

10. ....

父
母

我不喜欢的书

1. ....

2. ....

3. ....

4. ....

5. ....

6. ....

7. ....

8. ....

9. ....

10. ....

孩子

父
母

孩子

像你这么大的时候，我喜欢画这样的画

父
母

我喜欢画这样的画

孩
子

我热爱：
....
....
....
....
....
....
....

我最期待发生的事：
....
....
....
....
....
....
....
....

父
母

我的梦想：
....
....
....
....
....
....
....

我热爱：

我最期待发生的事：

我的梦想：

孩子

从这本笔记中
我懂得了 ---

1. ....

2. ....

3. ....

4. ....

5. ....

6. ....

7. ....

8. ....

9. ....

10. ....

父
母

从这本笔记中
我懂得了

1. ....

2. ....

3. ....

4. ....

5. ....

6. ....

7. ....

8. ....

9. ....

10. ....

孩子

父母

父母

孩子

父母

孩子

父母

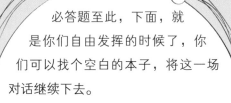

必答题至此，下面，就
是你们自由发挥的时候了，你
们可以找个空白的本子，将这一场
对话继续下去。

至于继续到什么时候，我的建议是，如
果有一天父母成了爷爷奶奶/外公外
婆，那么三代人一起来一场笔记
互动，也挺好。